Gift er sedan om ni vågar

Till min syster

Nu spelar vårens ljumma vind i myrens gula starr,
och sakta stiga sagorna kring ön i Berga fors.
Förlåt ett stänk av bitter fröjd, en visa till gitarr,
det starka oss till läkedom likt strandens unga pors.

En sång till däj, min syster, när all marken väntar vår!
Luossas ljunghed surrar yr av vind och vilda bin.
Där lärde vi oss tunga steg i våra yngsta år,
och ingen vet hur djupt vi drack vår barndoms beska vin.

Men härlig, härlig våren kom vart år i rosor klädd,
fast sorgens skymning sökte oss och blekte kindens färg.
En dag på knä för Konungen, en natt för skuggan rädd,
och sedan drack du salighet ur flod och fjäll och berg.

Kom ut, när stormen viner vild i apel, pil och hägg!
Se, vårens himlar brinna till Guds och stjärnors lov!
Och när du sövts till drömmar av resedan vid din vägg,
all ängens rosor ropa, kom ut till oss och sov!

Dan Andersson

Margit Karlsson

Gift er sedan om ni vågar.

Sanna skrönor och anekdoter från ett långt sömmerskeliv.

Förlag och tryck: BoD

ISBN: 978-91-7463-198-2

Innehållsförteckning har jag ingen.

Det är bara att läsa boken från pärm till pärm. Mycket nöje.

~ 0 ~

Läs denna bok och gift er sedan. Om ni vågar!

Berättelserna du läser är till största delen sanna. Dock har jag ibland kryddat dem lite extra för att höja underhållningsvärdet. Alla namn är dock ändrade liksom platserna där berättelserna utspelade sig.

Dessa saker har jag upplevt och fått höra talas om under de mer än 30 år jag har drivit en bröllopsbutik.

Jag startade butiken långt innan det var modernt att gifta sig. Det var i slutet av 70-talet.

Hur kom jag då in på denna bana? Min morfar var skräddare och mitt intresse för sömnad väcktes tidigt då vi alltid sydde hemma. Mamma var bra på att sy, det hade hon lärt sig av sin pappa, skräddaren. Vi sydde kjolar, byxor, blusar, skjortor, klänningar, ja allt mellan himmel och jord.

Så det föll sig naturligt att utbilda sig inom
detta område.
Först hade jag en liten syateljé som jag sedan
expanderade genom att sälja damkonfektion.
En försäljare som besökte mig berättade att
det hade börjat röra på sig på
bröllopsfronten så han hade tagit med en
kollektion brudklänningar.

Jag tog hem några stycken för att känna mig
för och snart hade jag så mycket att göra att
jag beslöt mig för att satsa enbart på
bröllopskläder. Ett val jag aldrig ångrat.

I början var det enkla klänningar, gärna i
chiffon eller georgette, dekorerade med söta
gephyrspetsar och lite broderier. Och gärna
med en liten ärm.

De första klänningarna jag köpte in kom från
Danmark. De var även sydda i Danmark
(inte som nu när nästan allt är sytt i Kina)
och hade otroligt hög kvalitet på såväl
sömnad som tyg och spets. Alf Damgaard
hette ett omtyckt märke. Ett annat danskt
märke var Anna-Lisa Buur.
Jag handlade även med England, Tyskland
och Spanien. På den tiden var klänningarna
sydda i dessa länder och kostade minst lika

mycket som en brudklänning, sydd i Kina, gör idag.

För all del. Man gifte sig även på 60-talet och början av 70-talet. Då var det ofta kort-kort som gällde. Samt slöja.

80-talet var de stora puffärmarnas tid. Då byggde man upp slöjorna med extra tyll och det var höftpuffar i klänningarna. Kjolarna var stora och hade gärna massor av volanger och tyll.

För herrarnas del var det gråa, vinröda, blåa, vita och givetvis även lite svarta frackar som gällde.

Man hade färgad fluga och cummerband till fracken. För det mesta i en färg som matchade brudbuketten. T.ex grå frack med röd fluga. Något som man idag tycker ser förfärligt ut då det återigen är klassisk stil på frackarna med vit fluga och vit väst. Men 80-talet var en extrem tid.

Ville man inte ha frack så bar man gärna en spencerkostym. Det var en midjekort jacka med stora axelvaddar.

Denna trend hängde kvar en bit in på 90-talet men sedan blev det ärmlöst och kjolarna blev mer normala i omfånget. Även herrarna "lugnade" ner sig.

00-talet. Ärmlöst för hela slanten, gärna "tubtopp", axelbandslöst och draperingar i midjan.

Ett tag var det modernt med tvådelade klänningar men de försvann ganska snabbt. Många av kjolarna var uppdraperade, puffkjolar. Det var (och är fortfarande) ofta snörning i ryggen istället för dragkedja.

Frack, jackett och frockcoat blev populärt bland herrarna.

Och nu är vi tillbaka där det började med chiffon och georgette, mycket enkla modeller men även satin-och taftklänningar . Släpen är kortare, om man har släp över huvud taget, och underkjolarna mindre. Dessutom börjar det återigen bli efterfrågan på klänningar med liten ärm.

Herrarna gillar fortfarande frockcoat men nu har smokingen kommit som ett alternativ.

Något som var otänkbart för bara ett tiotals år sedan.

Det har blåst många vindar sedan starten på 70-talet och nu finns det bröllopsbutiker utspridda över hela landet, för att inte tala om alla dessa nätbutiker, både seriösa och oseriösa som på senare år har dykt upp som svampar ur jorden.

Många kinesiska tillverkare erbjuder klänningar otroligt billigt men då ska man betänka att det inte är svensk moms (25%) eller skatt på priserna. Man vet inte heller hur förhållandena är på dessa fabriker, om det är 12-åringa flickor som sytt klänningen och som jobbar 10-12 timmar per dag.

Dessutom är flera klänningsmodeller piratkopior av europeiska designers kollektioner.

Vi skojar ibland och säger, att förr kom kunderna med måttbandet i högsta hugg för då skulle de ta mått och sedan hem och sy.

Nu kommer de med måttbandet i högsta hugg för att ta mått och se på modeller och sedan beställa från någon kinesisk nätbutik.

Men för 25-30 år sedan uppskattade de bröllopslystna personlig service och kunnig personal som hjälpte dem med råd och kläder inför sin stora dag. Nu har allt blivit mer opersonligt och upptrissat.

Mycket beroende på alla dessa amerikanska realityserier som med jämna mellanrum visas på TV.

Givetvis finns det fortfarande många tacksamma kunder som uppskattar erfarenhet och kunskap.

Och ett trendbrott verkar vara på gång. Återigen uppskattas det lite enklare och mer personliga.

Man vill sätta sin egen prägel på bröllopet och inte göra som alla andra. Då kommer vi specialbutiker in i bilden. Här får man råd, service och kan prova i lugn och ro. Vi vet vilken ändring som behöver göras för att klänningen ska passa, om det ska vara slöja, tiara eller bara en håruppsättning.
Vilken färg som passar på tärnklänning, vad brudgummen ska ha på sig m.m.

Det är ovärderliga råd som man inte kan få om man beställer en klänning via dropshipping från Kina.
Många tycker att mitt arbete är så glamoröst och att det måste vara världens roligaste jobb.

Både ja och nej. Det är verkligen en höjdpunkt att få leverera kläder till ett bröllop och efteråt, när kläderna lämnas tillbaka, få höra hur mycket beröm brudparet fått för sin utstyrsel och hur nöjda de varit med allt.

Men det finns en baksida också. Först ska man få kunden att välja just dig som leverantör av brudutstyrseln. Inga kunder, ingen lön. Så är det tidspressen under högsäsong när mycket skall vara färdigt samtidigt, det ska tvättas, ändras, strykas och sedan kommer det tillbaka, då ska det tvättas, ändras och strykas igen.

Ofta är det upp till 14 veckors leveranstid på en klänning så det gäller att veta vad man ska köpa in.

Gör man ett misstag så står man där med klänningar ingen vill ha och med begränsad möjlighet att beställa nya klänningar som kommer i tid till bröllopssäsongen startar.

Som egen företagare har man heller inte möjligheten att returnera kläder till leverantören. Köpt är köpt.

Längst bak i boken hittar ni ett litet urval av de hundratals och åter hundratals tackkort jag fått genom åren. Det är alltid lika roligt att få dessa och få veta att man är uppskattad i sitt arbete.

Det är ju trots allt så, att de flesta bröllop avlöper väl. Betänk att dessa berättelser har hänt under mer än 30 års tid. Så då förstår man ju hur ovanligt det är med fadäser.

Men nog om det och detta. Nu till mina berättelser. Vi börjar väl från början och arbetar oss framåt.

KATASTROF PÅ BRÖLLOPSNATTEN

I första berättelsen förflyttar vi oss till 1978.
Många av er läsare var kanske inte ens födda
då.

Som första par i bekantskapskretsen tänkte
Maria och Karl gifta sig. De hade bott ihop i
ett par år och kände att de ville ta sitt
förhållande ett steg längre.

På den tiden var det, som sagt var, inte
särskilt modernt att gifta sig och gjorde man
det var det ofta borgerligt, med färgad
långklänning och kostym.

Några ytligt bekanta hade något år tidigare
gift sig i jeans och t-shirt.

Men Maria och Karl tänkte vara mer
traditionella med kyrkbröllop och vit
klänning.

Sagt och gjort, datum spikades till början av juli och prästen tillfrågades. So far, so good. Vit klänning och hatt införskaffades. Slöja var inte så modernt på den tiden.

En kompis, tillika florist, lovade göra brudbuketten, en klassisk rundbunden bukett av röda rosor, blåklint och prästkragar.

Bröllop i kyrkan och fest i trädgården till brudens föräldrahem var tanken. Det hade varit fint väder ett tag men när bröllopsdagen randades visade naturen sig från sin sämsta sida med regn, regn och åter regn. Festen fick alltså vara inomhus, lite trångt men finns det hjärterum så finns det stjärterum.

Det var ca 40 gäster inbjudna så det var dukat i alla rum, kök, vardagsrum och till och med ett sovrum fick sängen utslängd och bord insatt. Men alla hade roligt.

Nu går jag händelserna lite i förväg. Först var det kyrkan.

Inga större missöden där. Prästen glömde dock vigselbeviset och fick gå tillbaka för att hämta det.

Det blev inga pussar och kramar på kyrktrappan tack vare det ihärdiga regnandet utan alla bara störtade sig till bilarna för färden mot föräldrahemmet.

En kort stund på kvällen var det uppehåll i regnandet och då kom några grannar och ropade "Brudparet ut". Maria, Karl och många gäster gick då ut. En av gästerna hade ett långt, äkta halsband som hon gick och snurrade på. Sproing, plötsligt flög alla pärlorna iväg då tråden hade gått sönder. Det var en syn för gudar med alla dessa rumpor i vädret, inklusive brudparets, när de letade pärlor. Det tog en halvtimme sedan var så gott som alla upphittade.

Precis när sökandet var slut så började det regna igen och det var dags att återgå till festen som varade tills det ljusnade.

Brudparet bodde i en gammal hyresfastighet i en lägenhet som krävde renovering. De skulle inte åka iväg på bröllopsresa förrän ett par dagar senare och tillbringade därför bröllopsnatten i denna lägenhet.

~ 12 ~

Ni kommer ihåg att jag berättade om det ihållande regnandet?

När brudparet kommer hem och ska lägga sig är det en stor pöl i sängen. Det har regnat in, vattnet har följt ledningen och kommit ut vid taklampan. Karl, brudgummen ska då göra en insats och ta bort lampan och hänga en hink där istället. Varpå han snubblar i sängen, hugger tag i gardinen och får gardinstången i huvudet. Maria, bruden ska hjälpa honom upp, snavar på stång och gum och det oundvikliga händer, foten knäcks till och får en spricka. Det blir akuten och kryckor istället för en romantisk bröllopsnatt.

Detta var ett minne som heter duga och en oförglömlig bröllopsnatt fast på ett annorlunda vis.

På tal om förstörda bröllopsnätter så hade Karin en klänning som var så urringad i ryggen att man inte kunde ha en vanlig BH. Hon hade köpt kupor som man tejpar fast men fick inte till det så hela förpackningen med hudvänlig tejp gick åt utan att det blev bra.

Paniken var nära, bara timmar till bröllopet och ingen affär i närheten som sålde sådana. Vad gör man då, jo man tar silvertejp. Det som inte kan fixas med silvertejp är trasigt, heter det ju.

Men Karin lyckades riktigt bra med att tejpa upp bysten. Det var när hon skulle ta bort den som bekymren kom.

Brudgummen väntade i sängen och Karin ville inte visa honom att hon använt silvertejp. Så hon gick in i badrummet och trodde att detta tar jag bort på 10 minuter. Men silvertejp är segare än så. Den hade satt sig fast ordentligt i skinnet så Karin drog, grät och drog. Så drog hon lite till och grät lite till för det gjorde så ont att ta bort tejpen. Efter en och en halv timme var hon dock färdig och gick ut i sovrummet. Där sov gummen som en stock. Han hade somnat när han väntade på att Karin skulle bli färdig.

Ännu en bröllopsnatt som var oförglömlig på ett annorlunda sätt. I alla fall för bruden.

ÖVER TILL UNDER(KLÄDER)

Underkläder ja, det kan vara ett kapitel för sig. Ett tag var det modernt med smala klänningar som var väldigt avslöjande vad gäller underkläder. Det enda man kunde ha i trosväg var stringtrosor. På den tiden var det dessutom modernt.

Jag hade en mycket trevlig brud med en väldigt pryd mamma. Mamman berättade för mig att hennes brudklänning varit hög i halsen och haft långa, smala ärmar. Heltäckande alltså. Hon ville att dottern skulle ha något liknande. Men det var hon inte alls intresserad av. Hon valde, till sin mammas förfäran, en smal klänning. Och vad har man då, jo stringtrosor. Men då slog mamman bakut och förbjöd dottern att köpa detta. Hej hå.

Jag hade en massa andra kunder inbokade som väntade på sin tur. Så jag fick lämna det oense paret i ena provrummet medan jag sprang fram och tillbaka och hjälpte andra kunder och dem samtidigt. Mamman ville dessutom blanda in mig i diskussionen, något jag tvärt nekade. Efter en och en halv timmes diskuterande gav dottern med sig och sa att hon inte skulle ha stringtrosor. Men i smyg köpte hon ett par.

Jag undrar om mamman tänkte ligga mellan brudparet på bröllopsnatten för att förhindra att något "oanständigt" hände☺

Något liknande hände en annan stackars brud. Där förbjöd mamman henne att ha ett blått strumpeband.

Ni vet ramsan:
Något gammalt
Något nytt
Något lånat
Något blått.

Jag ville ge henne ett strumpeband och bruden blev så glad och tacksam men mamman tog det ifrån henne och lämnade tillbaka det.

Jag trodde bruden skulle sjunka genom jorden, så pinsamt tyckte hon det var. Till saken hör att hon redan var sambo och hade till och med ett litet barn.

Men se, strumpeband, där gick gränsen för hur vulgär man kan vara. Enligt mamman i alla fall.

På tal om strumpeband så råkade Veronica ut för en pinsam sak i kyrkan. Hon hade missuppfattat var man sätter strumpebandet. Det ska man ju ha rätt högt uppe på låret så det sitter stadigt. Men hon hade satt det precis ovanför knäet. Det bar sig inte bättre än att strumpebandet gled ner och hon tappade det ungefär halvvägs uppför altargången. Som tur var kom prästen bakom dem och han plockade kvickt upp strumpebandet och lämnade diskret tillbaka det framme vid altaret.

Det var en rodnande Veronica som tacksamt tog strumpebandet ur prästens hand.

MAMMOR, ETT KAPITEL FÖR SIG

Ja, man möter många människor och mammor kan ibland vara rent elaka mot sina döttrar. Man kan undra varför. Ofta har de argument som, jag får vara med och bestämma, jag ska ju ändå betala. Det var dock vanligare förr än det är nu. Nu är mamma och dotter för det mesta mer på samma våglängd.

Särskilt en mamma har fastnat för min syn. De kom en onsdag, tror jag det var. Mamman förde talan. Dottern fick inte en syl i vädret. Till saken hör, att mamman var väldigt stolt över sin figur, hon berättade flera gånger för mig att hon hade storlek 38 och att hon minsann alltid haft det. Dottern var lite rundare, men inte så farligt, storlek 42/44. Det är en väldigt vanlig storlek och inte utmärkande på något vis.

Men mamman förklarade hurdan klänning dottern skulle ha. Den skulle vara avskuren under bysten för att dölja formerna så mycket som möjligt. Jag såg hur besvärad dottern var och vände mig därför enbart till henne när jag visade klänningarna.

Hennes pappa var också med. I början sa han ingenting.

Jag tog kommandot och hjälpte den stackars bruden att prova klänningar. Jag hade en mycket vacker klänning i precis hennes storlek med pärlbroderat liv, drapering i midjan och litet släp.

När hon fick på sig denna klänning sken hon upp, och sa att det var precis en sådan klänning hon tänkt sig.

Mamman tyckte att klänningen var för fin för dottern med släp och allting men äntligen stod hon på sig och sa, att denna ska jag ha.

Pappan tog då till orda, för första och enda gången, och det han sa chockade mig djupt. A, det trodde jag då inte, att du skulle kunna bli brud.

Det var många år sedan detta hände men än idag tänker jag på förödmjukelsen denna rara, trevliga flicka utsattes för av sina föräldrar.

Man får hoppas hon har ett lyckligt liv med sin man.

Min kollega råkade en gång ut för en mamma som förolämpade henne. Dottern höll på att sjunka genom jorden. Varför då? Jo, min kollega och mamman hade samma namn. Ett kanske inte helt vanligt namn men inte heller ovanligt. Min kollega har alltid trivts med sitt namn och det är aldrig någon som kommenterat det.

Men mamman skrek ut, va, heter du det. Det gör jag med. Är det inte det absolut värsta namn man kan heta. Hatar du inte det namnet. Hon gick an i flera minuter om hur hemskt det var att heta så och dottern blev rödare och rödare i ansiktet och sa till slut, men mamma sluta, du kan inte säga så. Ja, hon lugnade ju ner sig till slut och fördärvade dagen för sin dotter som glad i hågen kommit för att prova klänningar till sin stora dag.

FLER MAMMOR

Här kommer lite fler berättelser om mammor
som på ett eller annat vis generat sina
döttrar.

Detta hände på 80-talet. Då kom ofta bruden
med sin mamma, aldrig med brudgummen
och sällan med kompisar. Ibland hade man
sin syster med sig.

Men i detta fallet var det bruden och hennes
mamma. Återigen en mycket rar och trevlig
brud och en sur och krängd mamma. Undrar
om de flesta mammor är i övergångsåldern
och det är därför de kan vara lite
obalanserade till humöret.

De skulle bara veta hur mycket de gör bort
både sig och dottern. Då tänkte de kanske sig
för mer än en gång innan de öppnade
munnen och släppte ut alla grodor.

Nåväl. Efter mycket provande bestämde
bruden sig för en vit klänning i satin med

uppdraperad kjol (det var modernt på den tiden. Var kjolen inte uppdraperad fick man göra det.) Puffärmar och liten volang vid halsen fullbordade det hela.

Jag behövde göra lite justeringar, den var lite stor så jag sydde in den. När dagen nalkades och det var dags att hämta klänningen , ja då var den för liten. Mamman skällde ut mig efter noter och dottern skämdes och försökte lugna ner sin mamma. Ja, mamman var så otrevlig att jag fick borra in naglarna i handflatorna för att inte vara otrevlig tillbaka. De hade ju kört flera mil och det var det ena med det andra. Herregud, kan man sy in en klänning så kan man också sy ut den. Jag fick ta till mina små psykologikunskaper och efter ett tag gick hon med på att jag levererade klänningen hem till henne, mamman, efter nödvändiga justeringar.

Sagt och gjort, dagen efter satte jag mig i bilen och körde några mil för att leverera brudklänningen. Det tog mig en halvtimme att köra till henne. Då var det minsann annat ljud i skällan. Dottern hade på hemvägen berättat, att hon var gravid men ville inte säga något förrän efter vigseln. Det förklarade varför klänningen var för liten.

Så när jag kom med klänningen visste inte mamman hur väl hon ville mig, hon bjöd på kaffe och kakor och tackade tusen gånger för besväret jag haft med att ändra och köra klänningen till dem.

Jag fick till och med bensinpengar.
Så ibland måste man tänka sig för mer än en gång innan man säger saker man sedan får ångra.

Ett annat tillfälle som jag osökt kommer att tänka på hände i början på 90-talet. Mor och dotter igen.

Modern hade varit i Thailand och där köpt med sig ett sidentyg som hon tänkte kunde passa till en brudklänning åt dottern. Dock var tygbiten för liten och hon var inte beredd att betala vad det skulle kosta att få en klänning uppsydd.

Så det fick bli alternativ 2, att hyra en klänning.

Bruden fastnade för en tvådelad klänning
med tubtopp, smal kjol och avtagbart släp.

Det satt långt inne då både modern och dot-
tern var perfektionister och krävde att
klänningen skulle sitta som om den var gjord
av stål. Tyg är ett levande material,
visserligen väldigt följsamt men det fick inte
förekomma ett enda veck eller någon rynka
någonstans.
Som de flesta av oss, så var bruden lite högre
i ena höften så klänningen fick justeras där.
Detta var något hon inte kunde acceptera för
hon var minsann helt lika och det tog timvis
av inprovning, tråckling och justering innan
hon var nöjd. Och ändå var det bara en halv
centimeter som skulle sys in i ena sidan.

Moderna var ännu värre, hon kröp på golvet
runt bruden för att se om klänningen var helt
rak.

Jag hade vid det tillfället även andra kunder
i butiken och jag såg hur de tittade förskräckt
på vad hon gjorde.

Till slut fick jag godkänt och klänningen
levererades. Med sådana kunder kostar det

mer än det smakar. Alla dessa timmar för
små justeringar äter upp hela förtjänsten.

Så var det dags att lämna tillbaka
klänningen. Det var modern som lämnade
den och hon bara tackade så mycket och
gick. Jag hann inte ens packa upp klänningen
för att se så den var OK efter användning.

Men när jag gjort det förstod jag varför hon
avvikit så snabbt. Den var så smutsig och
nerspilld och det värsta av allt var att det var
ett stort fotavtryck efter en herrsko i ändan
på kjolen. Man kan bara undra vad som
hänt.

Men efter en tvätt blev den blev ren och fin
och kunde glädja en annan brud som
dessutom var mycket tacksam.

Mer om mammor senare.

BEHÅLL LUGNET

Jag återkommer lite till det här med att man inte ska skälla och brusa upp sig förrän man vet vad som hänt. Min pappa avled i maj 1994 och jag hade stängt den dagen och dagen efter.

När jag så öppnade igen hade jag en pappa till en studentflicka i dörren. Vi hade minsann inte svarat i telefon och dottern skulle snart ha klänningen. Vad var det här för sätt. Han var så arg så han knappt kunde andas. Till saken hör, att det var nästan en månad tills dess dotterns studentbal gick av stapeln så det var ju ingen större panik.

När jag så äntligen fick en syl i vädret och förklarade att min pappa avlidit och det var därför jag hade stängt blev han så paff att han fick sätta sig. Han visste först inte vad han skulle säga men sedan bad han om ursäkt säkert 20 gånger. Ta det lugnt, det är ingen panik med klänningen, jag ber om ursäkt.

Så därför ska man tänka sig för innan man skäller ut någon. Vad som helst kan ju ha

hänt. Man kan bittert få ångra saker man
sagt i affektion.

DJUR OCH ANDRA KREATUR

Nu ska jag berätta en episod som hände en bekant till mig. Nu i efterhand kan man tycka det är roligt men när det hände var det lite olustigt.

Jag hjälpte till att klä henne i den vackra vita brudklänningen med lös underkjol, spetsliv och puffärmar, precis som modet föreskrev på den tiden.

Bruden, vi kan kalla henne Lisa, var nervös och sprang därför på toan hela tiden.

Strax innan det var dags att åka till kyrkan drack hon lite kaffe och åt en macka.
Och efter ett sista toabesök var det då dags att ge sig av till kyrkan. Det vara bara 3 kilometers bilresa så givetvis kom hela brudföljet alldeles för tidigt. Alla gästerna hade inte hunnit bänka sig i kyrkan.
Så det var bara att köra vidare.

Kaffet började göra sig påmint så Lisa fick nödlanda i skogen med brudklänning och allt. Jag hjälpte henne hålla upp kjolarna och det gick bra.

Nu var det lagom tid att köra till kyrkan. På den tiden var det en väldigt högkyrklig präst och han höll ett långt, långt, långt tal om hela livet ända fram till döden. Bruden svajade men det var något mer.

Gång efter annan snurrade hon sig och tog sig diskret om skinkan. Hon bytte fötter och vred sig. Det var inte endast prästens långa tal som gjorde detta, även om det nog hjälpte till.

Så fort vigseln var över och de mottagit sedvanliga lyckönskningar på kyrktrappan frågade jag henne vad som hänt.

Jo, när hon var i skogen och kissade fick hon en fluga i trosorna. Efter ett tag började den krypa runt och surra och försöka flyga. Så mesta tiden av vigseln hade hon inte lyssnat på prästen utan mest varit koncentrerad på flugan i trosorna.

HÄSTAR

På tal om djur så övergår vi nu till hästar.
Sådana som drar en vagn.

Gifter man sig på sommaren så tycker många
par att det är romantisk att åka häst och vagn
till kyrkan.

Det gjorde Anita och Göran också.
Visserligen var Anita rädd för hästar men
sitta bak och åka kunde ju inte vara farligt,
tänkte hon. Då är man ju inte nära hästarna
och dessutom finns det en kusk som tar hand
om allt.

Hästarna var mor och dotter och hade alltid
gått ihop. Så de var de bästa vänner i
världen. Kan man tycka. Men uppenbarligen
var verkligheten annorlunda. De
småbråkade med varandra hela tiden men
inte värre än att kusken kunde hålla dem i
styr.

Dagen var vacker med solsken och blå him-
mel beströdd med lite molntussar.

Anita och Göran var så vackra, hon i sin vita brudklänning med långt släp och han i frack. Brudparet strålade ikapp med solen och det enda bekymret, i alla fall för Anita, var färden med häst och vagn. Hon kunde inte riktigt släppa tanken på dessa stora, muskulösa djur som skulle transportera dem till, och även från, kyrkan.

Allt gick väl när de satte sig i den öppna vagnen. Det var ca en halv mil till kyrkan och färden gick genom grönskande åkrar och fält.

När de åkt ett par kilometer ändrades vädret drastiskt och från ingenstans dök ett stort åskmoln upp. Mullret hördes redan i fjärran. Snälla, snälla, snälla, bad Anita tyst för sig själv. Låt det inte komma hit förrän vi är i kyrkan. Då kan det regna och åska.
Knappt hade hon tänkt tanken förrän hon fick den första regndroppen på sig. Tack och lov så fanns det en filt i vagnen så den svepte brudparet in sig i. Snart var åskvädret över dem med full styrka.

En öronbedövande knall hördes och hästarna satte skrämda av i sken ut på en åker.
Vagnen var nära att välta och kusken kunde

inget göra. Regnet öste nu ner så filten var inte till stor nytta.

Det tog några minuter att lugna ner de skrämda hästarna så mycket att vagnen stod still och brudparet kunde kliva ut på åkern som nu blivit en enda stor lerpöl av det häftiga regnet.

Det var ett slokande brudpar som klev ut ur vagnen.

Som tur var kom resten av brudföljet efter i bil så det var bara att packa in de blöta tu och köra hem dem för torkning och uppfräschning. Tack och lov så var det ingen annan vigsel i kyrkan den dagen och en timme försenat anlände följet till kyrkan.

Nu sken solen återigen från en klarblå himmel och fåglarna kvittrade, rosorna doftade och allt var underbart.

Men för Anitas del var det första och sista gången hon gick nära en häst och aldrig mer skulle hon sätta sig i vagn dragen av hästar.

KISSE MISSE MÅNS

En katt kan också ställa till det. Fast på ett
annat vis och dagen före bröllopet.
Det var ingen svart katt. Det sägs ju annars
att svarta katter för otur med sig.

Nej, detta var en söt liten kattungeflicka, vit
med svart och orange fläckar.

Hon älskade att busa med sina kullsyskon
och de sprang ständigt omkring i Jessicas och
Antons hus, jagandes varandra.

Jessica hade precis hämtat sin brudklänning,
en vacker vit skapelse med stor kjol, långt
släp och massor av pärlbroderier. Det var
inte den billigaste klänningen men för den
speciella dagen fick det kosta vad det ville.
Det viktigaste var att allt var perfekt på
bröllopsdagen.

Hon tog ut klänningen ur påsen och hängde
den på en dörr. Släpet var så långt att en bra
bit av det låg på golvet. Men det var ju ingen

som skulle gå där och det viktigaste var att klänningen inte blev skrynklig inför morgondagen.

Vad hon inte hade tagit med i beräkningen var små busiga kattungar.

Jessica hade hängt klänningen i ett tomt sovrum och hon trodde att dörren var ordentligt stängd. Anton fick ju inte heller se den vackra skapelsen förrän framme vid altaret.

Nöjd gick hon ner i köket för att fixa lite fika. Anton var kvar på jobbet så hon var ensam hemma.

Det var rätt skönt att bara sitta och slappna av med en kopp kaffe och tänka över alla saker en sista gång. Nej, allt var nog fixat. Det var inget som saknades.

När Anton kom från jobbet skulle de bege sig till festsalen och duka. De hade hjälp av föräldrar och syskon så förhoppningsvis var de klara tidigt på kvällen och kunde gå och lägga sig och vara utvilade inför morgondagen.

En liten kattunge spräckte hela planeringen. Plötsligt hördes ett ångestfyllt, högt jamande ända ner till köket. Jessica flög upp och

undrade vad som hänt. Hade en kattunge
fastnat någonstans och i så fall var?
Hon härledde ljudet till rummet med
klänningen. Hade hon ändå inte stängt dör-
ren ordentligt?

Försiktigt öppnade hon dörren och fick se en
syn som gjorde att håret reste sig på huvudet
och hjärtat flög upp i halsgropen. Högst upp
i klänningen satt en liten kattunge fast i
spetsarna. Kattungar har ju vassa klor och
uppenbarligen hade hon klättrat upp och ner
för klänningen flera gånger för hela kjolen
och släpet var fullt av märken och dragna
trådar, öglor och små hål.

Tårarna vällde upp och Jessica började gråta
hejdlöst. Efter ett par minuter samlade hon
sig och ringde mig. Det var jag som sålt
klänningen till henne. Kom med en gång så
ska jag titta på klänningen, sa jag.

Hon kom efter en halvtimme. En del
satintyger är känsliga men man brukar
kunna stryka och skrapa bort märken och
öglor. Jag började med en gång och efter ett
par timmars arbete såg klänningen nästan ut
som ny igen. Dock var det några märken
som inte gick bort men då klänningen redan

hade både pärlor och applikationer på kjolen fick jag helt enkelt sy dit några till.

Jessica grät av lättnad när hon kom tillbaka för att hämta klänningen. Hon hade varit så orolig att hon inte kunde göra något annat än att sitta och stirra framför sig. Anton och föräldrarna hade fått sköta dukningen själva.

Hur gick det då med kattungen. Den blev förlåten till slut.

BANTNING OCH BRÖLLOP

Otaliga är de kunder som kommer för att prova klänning och som säger, jag ska gå ner 10 kg till bröllopet. Nästan alla misslyckas.

En tjej gick mycket riktigt ner en massa, nästan 35 kg genom pulversoppor m.m. När hon valde klänning var hon smal och fin men en månad före bröllopet hade hon gått upp 15 av dessa kilo och fick byta klänning. Vad hade hänt. Jo, hon hade slutat med pulversoppor och börjat äta vanlig mat igen. Som ett brev på posten började då kilona smyga sig tillbaka.

Men det löste sig. Jag hade en annan klänning som framhävde hennes midja så hon blev en mycket vacker brud.

En annan mycket rar tjej visste med sig att hon inte kunde gå ner i vikt men hennes mamma var väldigt påstridig och sa att vi skulle beställa hem en klänning 2 storlekar mindre än vad hon hade nu.
Trots brudens protester. Här kommer mammorna igen☺.

Nu gjorde jag inte det utan lyssnade på bruden. Tur var väl det för hon hade gått upp 5 kg och jag fick sy ut klänningen. Hade jag tagit hem storleken hennes mamma ville, så hade hon aldrig fått den på sig.

En brud fastnade för en klänning jag hade i butiken. Den var dock aningen för liten. Inte mycket, det hade gått att släppa ut den. Men det ville hon inte för hon och hennes blivande skulle ha aktiv semester med vandring, cykling m.m. Så hon räknade kallt med att ha gått ner så mycket så att jag kanske till och med blev tvungen att sy in klänningen.

Dagen för bröllopet närmade sig och med den slutprovningen på klänningen. Ja, aktiv hade kanske semestern varit men då vid grillen. Jag fick sy ut klänningen allt som gick för att få den att passa.

Men en tjej, kan ha varit i mitten av 80-talet, gick verkligen ner i vikt.

När hon kom första gången hade hon storlek 40. Hon hittade en perfekt klänning med

uppdraperad kjol, puffärm och volanger.
Precis som modet föreskrev på den tiden.
Det var några månader tills bröllopet så
klänningen hängde kvar hos mig. Då och då
ville hon komma och prova den för några
kilo skulle hon försöka gå ner. När det var ca
1 ½ månad kvar innan bröllopet kom hon
och provade. Då hade hon mycket riktigt
gått ner ca 1 storlek.

Jag sydde in klänningen och hon kom för att
hämta den. Då hade hon gått ner ännu mer
så klänningen var för stor, igen. Denna gång
krävdes det lite mer för att få klänningen att
sitta snyggt, bl.a. fick blixtlåset sprättas bort
så man kunde sy in den där. Och så sy dit
det igen. Efter mycket knep och knåp så blev
det bra. Men när jag gjort denna ändring så
hade hon gått ner ännu mer så nu hade hon
bara storlek 34. Så det var bara att sy, igen.

Det hade nog blivit en fix idé för allt hon
kunde tänka på var bantning. Hon mådde
dåligt av den stränga dieten och hyn hade
tappat all lyster. Hon var glåmig och dragen
i ansiktet. Nu hade det dragit ut så på tiden
att hon fick hämta klänningen dagen före
bröllopet.

Då höll hon på att bryta fastan. Hon hade tagit en femdagars fastekur precis före bröllopet.

Men nu fick klänningen vara. Jag kunde inte ändra den ytterligare. Hon hade gått ner från storlek 40 till storlek 34 och mådde dåligt, var trött och allmänt hängig. Men droppen var fastan precis före bröllopet. Jag undrar om hon kunde dricka vinet och champagnen som skulle serveras på festen. Jag tror faktiskt hon hade fått anorexi.

Då är det bättre att ha några kilo för mycket och se frisk och pigg ut.De flesta håller dock samma vikt hela tiden.

BRUDGUMMAR VID VAL AV KLÄNNING?

Förr så sa man att brudgummen inte skulle se klänningen före bröllopet för det betydde olycka.

Nu för tiden är det allt fler som kommer och tar ett gemensamt beslut om klädvalet på bröllopet. Det tycker jag är bra.

Många är de brudar som stått här och oroat sig för vad brudgummen ska tycka.

Men för 10-15 år sedan kom det in ett brudpar i butiken. De var inte helt unga, kanske i 40-årsåldern.De var mycket trevliga men hade helt olika åsikter vad gäller val av brudklänning.

Bruden fastnade för en elfenbensfärgad klänning med vid kjol och pärlbroderat liv. Brudgummen tyckte hon var för gammal för den typen av klänning och ville att hon skulle ta något enklare. Jag hade en klänning som han tyckte var passande, mycket enkel, enkla linjer, inga pärlor.

Det var första bröllopet för dem båda så hon ville ha en "riktig" brudklänning med allt vad det innebär, vid kjol, pärlor, spetsar, tyll, applikationer. You name it.

I början resonerade de med varandra fram och tillbaka men ingen gav sig och det slutade i ren kalabalik, de skällde och gormade på varandra. Där stod jag mitt emellan och visste inte vad jag skulle säga. Men de hade nog ändå inte brytt sig om mina åsikter. Grälande gick de ut ur butiken utan att tacka för hjälpen eller säga hej då. Jag undrar än idag om det blev något bröllop.

En gång för ca 20 år sedan hade jag ett rart och trevligt par. De ville ta ett gemensamt beslut om klänning så därför var brudgummen med.

De väntade tillökning så klänningen fick provas in en kort tid före bröllopet.

Dagen före inprovningen var det dags för första ultraljudsundersökningen.

Vi blev så förvånade när bruden kom själv utan brudgum till inprovningen.
Han hade ju varit så engagerad.

Det visade sig att de väntade tvillingar och brudgummen hade blivit så chockad över detta att han inte kunde följa med. Han fick vara hemma och vila sig.

Bruden däremot tog det med ro. Hon skrattade gott åt brudgummen när hon berättade varför han inte var med.

En dam som kunde linda blivande maken runt fingret hade jag för ca 25 år sedan. Jag bistod henne med brudklänning vid inte mindre än 5 tillfällen. Prata om stamkund.

Dock hade hon bara 2 olika män som hon växelvis gifte sig med.

Varje gång hade hon en mer och mer avancerad och prålig klänning. Ibland tror jag att det var själva bröllopet som lockade mest.

Efter femte gången såg jag inte mer av henne. Kanske hade männen tröttnat eller så gifte hon sig slutligen med "den rätte".

MISSLYCKAT BRÖLLOP

Har ni hört uttrycket, bär inte rött på bröllopet för då har du haft ett förhållande med brudgummen.

Anna och Kent skulle gifta sig. Bröllopet var planerat sedan länge och Annas bästa kompis, Linda, skulle vara tärna. Dock bar hon inte röd klänning.

Vad Anna inte visste, var att Kent haft ett förhållande med Linda ett par år tidigare. De hade tagit ett gemensamt beslut om att bryta eftersom de båda kände att vibrationerna dem emellan inte var de rätta.

Kent träffade faktiskt Anna utan att veta att hon och Linda var bästa vänner. Han berättade aldrig om sitt förhållande med Linda och Linda berättande inte heller något.

Vigseln var vacker och gick som förväntat. Anna och Kent såg mycket förälskade ut när de skred nerför altargången som man och hustru.

Så var det dags för fest i den gamla bygdegården. Stämningen var på topp och de 50 gästerna hade en trevlig afton med mycket dans. Spriten flödade och många blev ganska berusade.

När några timmar hade förflutit märkte Anna att Kent varit försvunnen ett bra tag. Hon trodde först att han var på toan och letade där. Men nej, ingen Kent.

Hon fortsatte till den bakre delen av bygdegården. Där fanns några rum som användes som förvaring av gamla möbler.

Hon hörde ett konstigt ljud bakom en av dörrarna, ett lätt stönande.

Nyfiken öppnade hon dörren och det hon fick se gjorde henne totalt rosenrasande.

Kent och Linda hade bara ögon för varandra där hon låg med uppdragen kjol i soffan och Kent med byxorna nere vid knäna. De var så upptagna av varandra att de först inte märkte att Anna kommit in i rummet.

Så istället för en bröllopsnatt med sin fru fick Kent slinka ut genom bakdörren och festen upplöstes snabbt.

På måndagen blev bröllopet annullerat.

DUBBELBRÖLLOP

Förr var det vanligare med dubbelbröllop än det är nu. Nu vill man ha ett bröllop helt efter sin egen smak.

Men det är inte alltid det går smärtfritt med dubbelbröllop. För ett antal år sedan gifte sig 2 systrar, Stina och Anna. Men det var bara det att Anna fick göra allt medan Stina kommenderade och skickade ärenden. Det kulminerade i jordgubbssylt. Stina skulle köpa jordgubbssylt till ostkakorna men den "rätta" sorten var slut så därför köpte hon frysta jordgubbar och socker och körde hem till Anna. Här, koka sylt, kommenderade hon. Till saken hör, att detta var dagen före bröllopet.

Men då vägrade Anna äntligen och sa, vill du ha hemkokt sylt så får du göra det själv.

Osökt ☺ kommer jag att tänka på en händelse som ägde rum i mitten av 80-talet.

Då var det också dags för dubbelbröllop. Paren var nära bekanta och det var den ena brudgummen som var den drivande bakom hela bröllopsidén.

Han fixade det mesta, kyrka, präst, lokal och mat. De andra var givetvis med och hjälpte till men det var han som var eldsjälen bakom det hela. När det så var dags för paren att hämta sina kläder så kom bara det ena brudparet.

Han , eldsjälen bakom det hela hade fått kalla fötter och stuckit 2 veckor före bröllopet.

Men det andra brudparet beslöt att genomföra bröllopet, trots allt var ju det mesta betalt sedan tidigare.

Jag har hört sägas att han kom tillbaka efter någon månad. Han hade behövt lite egentid för att tänka igenom saker och ting. De lever nu lyckligt ogifta.

Det händer faktiskt, inte ofta, men en och annan gång, att bröllop blir inställda av en eller annan anledning.

En gång hörde jag talas om en brud som övergav sin blivande man vid altaret. När prästen frågade:

-Tager du denna….. så svarade hon nej och sprang ut till en väntande taxi. Så det hela var planerat.

Vad som föranledde detta var det ingen som visste. Jo, bruden och kanske även brudgummen.

SVENSEXOR

Från det ena till det andra. Svensexor kan vara vanskliga.

För många år sedan hade jag ett brudpar som skulle gifta sig och sedan omedelbart åka iväg på bröllopsresa. På den tiden hade man ofta svensexan dagen före bröllopet. Kompisarna hade kommit på, en i deras tycke, mycket rolig idé.

Det blev lite för mycket att dricka, som det lätt blir på sådana tillställningar och brudgummen däckade.

När han vaknade, på bröllopsdagens morgon, var ena benet gipsat. Han kunde för sitt liv inte komma ihåg att han skadat sig men ringde en kompis. Va, sa han. Kommer du inte ihåg att du trillade och bröt benet. Vi fick ta dig till lasarettet och få benet gipsat.

Konstigt, tyckte brudgummen, jag har ju inte ont. Men säger han så, ja då måste det ju vara sant.

Det fick bli rullstol fram till altaret. Och på den efterföljande festen blev det rullstolsdans.

Det var inte lätt att ta sig in i flygplanet med gipsat ben men de kom i alla fall iväg på sin efterlängtade bröllopsresa. Den enda smolken i bägaren var det gipsade benet. De som tänkt sola och bada. Kompisarna hade sagt, att gipset skulle tas av efter 2 veckor så han fick väl stå ut. Lite konfunderad var han fortfarande över olyckan. Han fick väl höra vad doktorn sa när han kom på återbesök.

När de kom fram till hotellet där de skulle tillbringa sin smekmånad låg det ett meddelande och väntade på dem.

Det var från kompisarna. Ha, ha, det var bara ett skämt. Du har inte brutit benet. Du kan gå till en doktor och få gipset borttaget.

Han sa omedelbart upp bekantskapen med alla de som varit med i denna elaka komplott.

En annan brudgum råkade också ut för kompisarna elaka skämt dagen före bröllopet. Lite för mycket att dricka och minnet blir grumligt.

Kompisarna hade i förväg bokat biljett på ett nattåg som tog brudgummen genom halva Sverige.

Han blev installerad på tåget i tron att han skulle åka hem. Ni vet, man kan inte alltid tänka klart, särskilt inte när det är lite för mycket sprit inblandat.

Givetvis somnade han omedelbart på tåget och det tuffade iväg mot fjärran mål.

När han vaknade några timmar senare var han långt, långt hemifrån. Och detta på sin bröllopsdag. Först var han lite yrvaken och visste inte riktigt var han var. Men sedan insåg han sanningen. Han frågade konduktören vart tåget var på väg.

Bara att störta av på närmaste station och försöka hitta ett tåg tillbaka. På den tiden gick det, som tur var, ofta tåg och han kom med nästa som gick i rätt riktning, hemåt.

Bruden hade redan letat efter honom och lyckats klämma en av kompisarna på sanningen.

En timme före bröllopet var han återbördad till hemjorden och kunde kvickt duscha och byta om.

Av alla hans kompisar var han den första att gifta sig. Men nu kan de gå och vara nervösa för hämnden är ljuv.

För många år sedan läste jag i tidningen och en svensexa som gått överstyr. Brudgummen hade rullats in i en matta som sedan ställdes utanför hans dörr. På morgonen hittade bruden mattan med brudgummen i. De hade ställt mattan så han stod på huvudet och på morgonen var han död. Vet inte om det är sant.

ANNAT ELÄNDE

Nu till något helt annat som hände en brud
för några år sedan.

Hon ville inte använda ortens frisersalong
utan bokade tid på en populär salong ca 5
mil från hemorten där de skulle gifta sig.
Tiden var bestämd till kl. 09.00 på morgonen.
Gott om tid kan tyckas då vigseln inte var
förrän kl. 16.00.

Men det tar i alla fall minst ett par timmar att
göra en fin uppsättning med slöja och tiara.
Sedan köra 5 mil på stundtals slingrig väg
med många 50-skyltar, äta något, klä på sig
hela brudutstyrseln och så till sist
fotografering en timme före bröllopet.
Om inget oförutsett hände så skulle
tidsschemat hålla.

Men givetvis sprack alltihop. I sin nervositet
hade bruden på något vis lyckats låsa in
bilnycklarna i bilen. Full panik. Det var bara
att ringa efter brudgummen som fick komma
med reservnyckeln till bilen. Vet ni var
reservnyckeln är? Det gjorde inte han utan
han fick vända upp och ner på hela huset
innan han hittade den.

Bilen hade ju bruden så han fick låna bil av bestman. Det var ingen laglig hastighet men som tur var fanns det inga poliser ute.

Under tiden hade bruden blivit mer och mer nervös och var fullständigt övertygad om att de aldrig skulle komma i tid till bröllopet. Men det löste sig, fotografen var väldigt flexibel och gick med på att ta bröllopsfoto efter vigseln.

Gästerna fick mingla med lite champagne i väntan på brudparet och middagen.

En annan sak hände i början av 90-talet. Då var det också en bil inblandad, men av en helt annan anledning.

Bruden hade hämtat sin klänning och skulle uträtta några ärenden på väg hem.
Bland annat skulle hon in på konditoriet där hon beställt tårtan för att diskutera det sista med dem.

Det tog kanske en kvart. När hon kom ut var bilen uppbruten och alla bröllopskläder stulna.

Två dagar före bröllopet. Vad gör man. Panik. Panik. Men det löste sig. Jag hade en likadan klänning som jag kvickt fick göra i ordning till henne.

Bröllopsklänningar ja. Jag hade en trogen kund på festkläder under många år. Hennes man var officer så hon hade köpt många olika klänningar.

Men när hon skulle gifta sig gick hon till en annan affär där hon hittade en klänning hon verkligen gillade. Hon reserverade den och betalade handpenning.

När hon kom till butiken veckan före bröllopet för att hämta klänningen så var den borta. De hade sålt den till någon annan.

De kunde inte heller erbjuda henne någon likvärdig klänning med så kort varsel:(
Den stackars bruden grät och grät och grät.
Men sedan kom hon att tänka på oss och vilken fin service hon alltid fått här.
Med bara några dagar tillgodo fixade vi en klänning minst lika vacker som den hon skulle haft från början.

Givetvis fick hon tillbaka handpenningen
från den andra butiken.

När jag tänker på detta med att fixa
brudklänning med kort varsel så kommer jag
att tänka på en kund jag hade för många,
många år sedan. Då det var modernt med
rysch-pysch, puffärmar och volanger.

Jag hade precis gjort i ordning ett antal
klänningar som varit uthyrda och nu skulle
säljas till reducerat pris. De var nytvättade,
nystrukna och noga granskade. Ja, de var
nästan som nya.

Då ringde det ett brudpar i full panik. De
skulle gifta sig dagen därpå och hade lånat
en klänning av en släkting. Det var ett
arvegods som många hade gift sig i. Men det
var ett tag sedan den användes så de hade
lämnat den på kemtvätt. Nu hade de hämtat
den och den var rena katastrofen. Stora
fläckar på kjolen som inte hade gått bort i
tvätten, ringar under armarna och det ena
med det andra.
Den var totalt oanvändbar. Men de kom,
hittade en drömklänning som satt perfekt,

det behövdes inte en enda justering. Så inom en timme hade jag ordnat en klänning som dessutom var modern och som gjord för henne. De grät nästan av tacksamhet.

Men det snabbaste jag har fixat en brudklänning på, är 4 timmar före bröllopet. Kl. 10.00 på lördagsmorgonen ringde det en tjej och ville prova brudklänning. Jag frågade då när bröllopet skulle äga rum. Kl 14.00 idag blev då svaret. Hon hade en halvtimmes bilfärd hit. Som tur var hade jag en klänning som passade henne och hon var hemma igen 2 timmar före bröllopet. Jag blev så häpen att jag inte kom mig för att fråga varför hon inte kommit tidigare.

Men allt gick bra.

FLÄCKAR

En gång i början av 80-talet hyrde jag ut en brudklänning i vit satin med pärlbroderier och volanger.

Den var så vacker. Brudparet var från orten och de kom och hämtade klänningen dagen före bröllopet. Allt var perfekt och klänningen satt som en smäck.

På lördag eftermiddag ringde telefonen hemma. Jag har öppet till kl. 12.00, ibland längre men denna dag hade jag kommit hem tidigt.

Det var bruden som ringde. Brudparet var hos fotografen. Det fanns en läderstol där han hade placerat bruden medan brudgummen stod vid sidan om. Det var bara det att han hade behandlat lädret bara några timmar före fotograferingen och medlet hade ännu inte sjunkit in ordentligt. Så när bruden satte sig i läderstolen fick hon en stor, brun fläck över hela ryggen. Så kunde hon ju inte ha det under vigseln och den efterföljande festen.

Det var bara att störta ner i affären utrustad med fläckborttagningsmedel och diverse andra produkter, tvättmedel m.m. Jag tog även med mig fönen. Den är toppen om man behöver torka saker snabbt. Testa det någon gång. Kan verkligen rekommenderas. Den är även bra till att torka blöta skor och stövlar med.

Fotograferingen avslutades, man visar ju ändå inte ryggen på fotona.

Med 1 ½ timme kvar till vigseln påbörjade jag arbetet med att ta bort den enorma fläcken på ryggen. Det var inte lätt. Lakan på styrkbrädan, vatten i sprayflaskan. Bred ut klänningsryggen på strykbrädan och påbörja arbetet. Först lite flytande tvättmedel, spraya med vatten och gnid med en ren bomullsduk. Tack vare att fläcken var så nygjord så hade den inte bitit sig fast i tyget. Så efter första behandlingen hade den ljusnat betydligt. Då var det bara att göra om samma behandling en gång till.

Den ljusnade ytterligare men syntes fortfarande. Det behövdes starkare medel än tvättmedel.

Dags att plocka fram fläckborttagnings-
medlet. På med medlet, låt verka några
minuter och så spraya med vatten, gnid
försiktigt. Man får inte gnida för hårt för då
kan tyget skadas. Men efter ytterligare ett
par behandlingar så var fläcken borta.
Klänningen var dyngsur på ryggen. Det var
att ta två rena, torra handdukar och klappa
bort det mesta av vattnet och därefter föna
klänningen torr.

Bruden blev en kvart försenad till kyrkan.
Men klänningen var ren och torr. Bröllopet
blev mycket, mycket lyckat.

Ett annat brudpar gifte sig några mil
härifrån. De hade hyrt en veteranbil för
färden till kyrkan.

När de klev ut så gick de bakom bilen och i
samma ögonblick spottade avgasröret ut ett
svart moln av sot som givetvis hamnade på
brudens vita klänning. Vad göra, ingenting.
Det fick vara en stor svart fläck på
klänningen eftersom det inte fanns någon
tid över för att försöka få bort sotet.

Förargligt, javisst. Men ibland är det som det är.

Jag kommer osökt att tänka på en annan brud för ca 15 år sedan. Hon hade köpt sin klänning och trots att det var lite som skulle justeras på den, upplägg mm så ville hon ta den med sig hem. Det fick hon gärna. När bröllopet närmade sig skulle hon komma tillbaka så vi fick göra justeringarna. Det var en otroligt tjusig klänning med ett långt, långt, långt släp.

Sagt och gjort, en månad före bröllopet kom hon. När hon tog på sig klänningen blev jag chockad.

Hon hade tydligen provat klänningen många gånger när hon hade den hemma. Till saken hör att de hade 2 små barn på ungefär 3 och 6 år. Släpet var fullt av små skoavtryck. Tydligen hade barnen sprungit över släpet med skorna på när hon provade den. Det gjorde de även här i butiken.

Jag fick tvätta hela klänningen. Det blev en extrakostnad för henne som hon inte räknat med. Det var en alldeles ny klänning som var så stor att jag inte fick plats med den i tvättmaskinen utan den fick tvättas i badkaret.

Men ren och fin och fri från skoavtryck gjorde den stor succé på bröllopet.

En annan kund ville också ta hem sin klänning. Den var dock utan släp och i en nättare modell.

Men hon hade också provat den några gånger och tydligen vandrat omkring i köket och stött till någonstans för på ett ställe på kjolen var det fullt med fettfläckar.

Det var att behandla med kemiskt ren bensin och därefter tvätta klänningen.

Så tänk på det om ni provar klänningen hemma. Stå gärna på ett lakan i sovrummet eller vardagsrummet och håll hundarna och katterna utanför rummet☺ och ibland även barnen.

Hade en gång en studentkille som hyrde frack. Hemma hade de en vit, långhårig katt som naturligtvis kom och strök sig runt benen på honom när han stod färdigklädd för att ge sig av. Katthår är gärna lite statiskt och klistrar sig lätt fast på ylletyger. Han blev mer vit än svart längst nere på byxorna.

Som tur var hade de en klädrulle som ju är klibbig. Det gör att katthåret fastnar på rullen. Men det tog nog en kvart att få bort allt hår. Har ni ingen klädrulle så går det bra med tejp. Det tar lite längre tid men det funkar riktigt bra.

KAFFESUMP?

Har jag då fler katastofer med klänningar på lager:

Ja, några till☺
För ett antal år sedan fick vi in ett par uthyrningklänningar veckorna efter varandra som var alldeles bruna nertill och en bit upp på kjolen. Vi undrade vad sjutton detta var. Vädret hade varit fint och dessutom blev inte klänningarna sådana av regn. Då blev de lite gråsmutsiga längst nere i kanten.

Den första bruden visste ingenting. Hon hade inte sett detta förrän hon tagit av sig på kvällen.

Men den andra bruden visste besked och hon var mer än arg. De hade hyrt samma lokal för festen. Olika lördagar då. När man hyrde denna lokal så ingick det serveringspersonal. Smidigt och bra.
Det var dans på båda bröllopen och när middagen var överstånden och det var dags för dans så kom en dam ur personalen ut med kaffesump och strödde över hela

dansgolvet. Det gjorde hon för att golvet inte skulle vara så halt. Så det var kaffe längst nere på klänningarna. Sumpen är ju fuktig så klänningarna sög åt sig färgen mer och mer. Brud nr 2 hade kvickt förstått att detta inte var bra för den vackra brudklänningen så hon hade fått damen att sopa upp kaffesumpen igen. Detta gjordes under protester. Men efter den dagen fick vi aldrig tillbaka några klänningar med kaffesump längst nere.

BACKNING FÖRBJUDEN

Ni vet, ibland när man går baklänges så går
man ett steg för långt.

Det var dags för fotografering ute i den
vackra slottsträdgården. Trädgården var
omgärdad av höga häckar och fotografen
ville ta ett kort av brudparet med denna häck
som bakgrund. Bruden hade höga, smala
klackar som sjönk ner i gräsmattan men hon
försökte trippa på tå så gott det gick.

De ställde sig en bit framför häcken men fo-
tografen ville ha dem lite närmare så han bad
dem backa ett par steg. Sagt och gjort. Det är
inte lätt att backa i brudklänning med höga
smala klackar. Men bruden gjorde ett försök,
sjönk ner med ena klacken i gräsmattan och
trillade baklänges rätt in i häcken. Fallet
dämpades av alla löven på häcken och tur
var väl det annars hade kanske hela
klänningen blivit förstörd av vassa grenar.
Nu var det bara slöjan som fick en och annan
reva men det syntes inte så mycket då den
var rynkad och vecken föll över varandra.

En sommar för några år sedan så regnade det nästan varenda lördag. Då skall man inte ställa sig vid en markis som något ljushuvud försöker tömma på vatten. Det kan bara sluta på ett vis. Med en blöt brud.

VÄDER

Det finns annat väder än regn som kan ställa till det, t.ex. hård vind.

Den svenska sommaren bjuder verkligen på omväxlande väder. Det fick det lyckliga brudparet som tänkte gifta sig i augusti erfara.

Det brukar alltid vara fint väder då.

Men den lördagen i början av augusti visade sig sommaren från sin värsta sida. Regnet upphörde visserligen under förmiddagen men den tilltagande blåsten gjorde att den planerade festen i partytält fick planeras om.

Man kunde under inga omständigheter sätta upp något tält, det hade blåst bort lika fort. Och hyra en festlokal med så kort varsel var inte att tänka på. Vad gör man då.

Jo, har man ett stort garage med plats för 6 bilar så ställer man givetvis till med bröllopsfest där.

Snabbstädning. Hela familjen tillkallades. Alla bilar ut. Pynta kvickt som tanken. Och, vips, problemet löst.

Här kan tilläggas att festen var mycket lyckad. Alla hade roligt och alla var nöjda.

VINTERBRÖLLOP

Drömmer man om ett vinterbröllop med snö
och släde till kyrkan så ska man definitivt
inte gifta sig i södra Sverige där jag håller till.
För många år sedan hade jag ett brudpar
som drömde om just det. Hon hyrde
klänning och en lång fuskpäls med huva av
mig.
Häst och släde bokades. Det var så mysigt i
släden med varma fällar för brudparet att
sitta på och även att ha om knäna. Det fanns
hållare för facklor för det skulle ju vara
mörkt i mitten av januari när bröllopet skulle
gå av stapeln. Allt klaffade precis som de
tänkt sig utom en sak, vädret.

Det ösregnade hela dagen och inte
tillstymmelse till snö fanns. Det fick bli bil till
kyrkan. Men det blev lyckat ändå. Trots
bristen på snö. Man måste alltid ta det
svenska vädret med i beräkningen.

För all del, de som planerar giftermål
utomlands på en strand i Thailand eller
annorstädes kan också få dåligt väder. Ett
brudpar skulle gifta sig just i Thailand under
en väldigt solsäker period. De såg inte solen
en enda dag medan de var där och

giftermålet på stranden blev en gråmulen historia med regnet hängande i luften.

Ett annat brudpar hade också planerat giftermål i ett exotiskt land, på stranden under palmerna. Det visade sig att det inte gick för svenska par att gifta sig i det landet. Det var någon konstig regel. Det kanske är ändrat nu, vad vet jag. Det fick i all hast gifta sig borgerligt på flygplatsen medan de väntade på planet till sin destination. Inte riktigt den romantiska inramning de tänkt sig.

Så kolla alla regler noga innan ni planerar giftermål på fjärran exotisk strand.

ONYKTER?
Understundom kan man bli lite överförfriskad på ett bröllop. Att gästerna är det kan kanske förlåtas.
Men när man får tillbaka en frack och den är smutsig på knäna och armbågarna, då kan man fråga hur berusad brudgummen har varit.

Eller när man får tillbaka en frockcoat som är alldeles noppig och trådig av att brudgummen framåt nattkröken trillat in i en buske, då kan man undra.
Men det kanske bara är all spänning som släpper☺

Det mest fantasifulla bröllopet jag har hört talas om utspelade sig på västkusten.
Hela bröllopet hade havstema. Det är i och för sig inte så konstigt eftersom det är mycket hav vid västkusten. Men aldrig förr eller senare har jag sett en brudbukett med blåmusslor som dekoration.

Det största bröllopet jag har varit med om att leverera kläder till, var när 6 par gifte sig samtidigt. 6 brudklänningar och 6 omgångar herrkläder. Oj, vilket jobb men så roligt att få vara med om något sådant. Att sedan det ena äktenskapet bara höll ett par månader, ja det är en annan historia.

NERVÖST?

Jag hade en annan brud som vägrade ta emot någon form av hjälp. Hon skulle göra allt själv och planera allt själv. Skriva inbjudningkort, komponera menyn och även laga maten, duka, hitta musik, ja allt vad man kan tänka. Inte ens brudgummen fick hjälpa till. Blivande svärfar var duktig på mat och försökte på alla vis stötta. Men det var kalla handen. Det hade gått prestige i det hela och ju närmare bröllopet desto mer stressad brud. Det slutade med att hon gick in i väggen ett par dagar före bröllopet. När hon hämtade sin klänning såg hon inte längre fram emot den stora dagen utan önskade bara att det var över.

Jag hade en annan tjej för ett antal år sedan. Hon fick ett nervöst sammanbrott i affären så det var bara att ta fram alla sina psykologikunskaper. Hon grät och grät och grät lite till. Efter ett långt, lugnande samtal och lite justeringar på klänningen så mådde hon bättre. Men det tog nog ett par timmar. Klänningen satt jättefint på henne från början men hon var så osäker på vad folk skulle tycka och säga så först sydde jag ut den, men det blev inte bra, då sydde jag in den, men det blev inte bra. Slutligen var den i samma skick som den varit ifrån början.

När hon kom tillbaka med klänningen var hon så glad och nöjd. Hon hade fått så mycket beröm och alla farhågor kom på skam.

Då var det skillnad med Lisa och Alexander. Deras föräldrar och syskon samlade ihop pengar och skickade dem till ett spa dagen före bröllopet så de bara kunde slappna av och rå om varandra och få massage och andra avslappnande behandlingar medan de närmaste släktingarna tog hand om allt som skulle göras, dukning m.m.

Det var ett lyckligt och utvilat brudpar som kom till kyrkan den dagen. Och alla var så glada över att ha fått hjälpa till.

FLER MAMMOR

Bruden var glad och lycklig för hon skulle
gifta sig. Hennes mamma var inte lika glad.
Nej, hon var riktigt sur och tjurig.
Hon ville sy brudklänning men bruden
vägrade. Hennes mamma var sådan som
lade näsan i blöt överallt. Hon hade åsikter
om när, var och hur bröllopet skulle vara.
Och givetvis, om klänningen.

Nåväl, bruden kom och provade en klänning
som hon omedelbart blev överförtjust i.
Hennes mamma tyckte precis tvärtom. En
sån klänning kan du väl inte ha. Jag syr en
mycket finare till dig. Det blev inte någon
affär. Bruden sa, att hon skulle tänka på
saken och diskutera med brudgummen.

Jag tänkte, henne ser jag aldrig mer. Synd, så
rar och trevlig som hon var. Men en dag
några månader senare kommer bruden med
sin mamma. De hade tydligen haft en stor
uppgörelse och mamman hade fått lova att
acceptera brudparets önskemål både vad
gäller kläder och val av festlokal.

Som tur var fanns klänningen kvar. Hon
köpte den men jag fick inte göra

ändringarna. Hennes mamma trodde inte att jag kunde det. Inte med 20 års erfarenhet i ryggen. Jag lämnade med varm hand över alla ändringar till modern för jag vet att hon aldrig hade godkänt mina ändringar, hur väl gjorda de än varit.

Brudparet hade till och med fått flytta fram dagen för bröllopet på grund av att mamman satte sig på tvären.

Men de fick sitt drömbröllop med fest på en stor båt som de hyrt för aftonen.

En gång hade jag en kund som var så rädd för nålar att jag inte fick komma nära henne med knappnålar när jag skulle prova in klänningen. Det blev till att mäta och uppskatta hur mycket jag skulle sy in och lägga upp klänningen men det gick bra. Klänningen satt perfekt.

HÅRMISS

En kompis till mig var bjuden på bröllop och två veckor senare skulle hon själv gifta sig. Så hon gick till frissan för att färga håret. Hon är brunhårig och ville bara ha det en nyans mörkare för att få liv och lyster i håret.

Så hon sa till frissan, absolut inget rött. Förbjudet. Hon skulle nämligen ha en lila klänning när hon var bröllopsgäst.

Åh, sa frissan, jag har precis fått in en ny färg här. Den heter sandelträ och är garanterat inte röd. Nej, nej. Inte röd kanske utan håret blev orange. Katastrof. Så hon fick byta till en klänning i orange toner för att matcha håret.

Tyvärr vägrade frissan erkänna att hon gjort fel så min kompis fick betala för omfärgningen. Några kronors rabatt fick hon i alla fall.

Denna gång valde hon en ganska mörk färg som hon använt tidigare och varit nöjd med. Ja, till 100 % försvann ju inte den orange färgen men till 75 %. Det fick hon vara nöjd med.

NÄBBAR, ett kapitel för sig

När man hyr ut kläder till pojkar och flickor så får man räkna med att de är allt annat än rena när de kommer tillbaka. Ofta är de nerspillda med sås, läsk, glass och tårta.

Så det är bara att tvätta och behandla fläckar. För det mesta går fläckarna lätt bort men ibland krävs det en massiv insats. Speciellt om kläderna skall ut igen.

Men de är så söta i sina klänningar och västar, smokingskjortor och byxor med revär. Ibland har pojkarna också en fluga. Inte alltid så uppskattat.

En gång hade jag ett brudfölje som skulle ha näbbar, en pojke och en flicka. De var ungefär 3 år. Inte syskon, men kusiner. När flickan fick på sig klänningen så började pojken gråta, ja det gick nästan inte att trösta honom. Efter ett tag lugnade han dock ner sig och då fick vi förklaringen. Han ville också ha klänning. Han tyckte det var mycket finare än pojknäbbskläderna. Men efter lite övertalande och lirkande gick han med på att prova sina kläder.

Allt avlöpte väl och bröllopet blev en minnesvärd högtid.

En annan näbb, lite större, ca 7 år hade en näbbkäpp. Det kan ju pojknäbbar ha. Efter ett tag tröttnade han på hela tillställningen och började springa fram och tillbaka vid altaret. Det har ju ofta spjälor. Så även detta. Under stort skrammel drog han sin näbbkäpp fram och tillbaka över spjälorna, och hade jätteroligt. Det vill säga, tills farmor ryckte in och satte honom på en bänk.

Två små näbb-pojkar använde sina käppar som svärd och började fäktas. Inte så bra inför en fullsatt kyrka. De blev snabbt avbrutna och återförda till verkligheten.

En liten flicka tyckte också det var långtråkigt. Hon kröp helt sonika in under brudklänningen som hade stor underkjol med skenor så det nästan blev som ett tält. Men se, där fick hon inte vara. Bruden halade ut henne och parkerade henne på golvet vid sidan om sig. Det hördes lite försynta fniss från gästerna.

Men de allra flesta barn beter sig exemplariskt, de känner av stundens allvar.

LE GRAND FINALE

Då jag hyr ut brudklänningar och de alltid blir lite smutiga, i alla fall i nederkanten, så får man tvätta dem efter varje användning. En gång hade jag tvättat en klänning med stort släp. Jag hängde ut den då det var fint väder. Släpet bredde ut sig som en stor vinge över tvättlinorna och uppenbarligen trodde björktrastarna att detta var en stor och farlig rovfågel för de bajsade ner hela klänningen och släpet. Den såg förfärlig ut så det var bara att plocka in och tvätta om den. Ren och fin fick den sedan torka inomhus.

Detta är en gammal, (tja, gammal och gammal, allt är ju relativt) erfaren sömmerskas minnen från ett långt och roligt och ibland omtumlande liv som egen företagare med bröllopskläder som specialitet.

Man vet att man varit med länge i branschen när det kommer studenter som ska ha kläder och mamman säger: jag hyrde klänning av dig för 25 år sedan när vi gifte oss. Då undrar man hur gammal man egentligen är. Men man är väl inte äldre än man känner sig.

Bli nu inte förskräckta när ni läser denna bok.

Genom åren har jag hjälp 1.000 tals nöjda kunder med bröllops- och festkläder.

Det är för att det så sällan händer något oväntat eller katastrofalt som man kommer ihåg det.

Så jag önskar er lycka till om ni ska gifta er och hoppas ni får ett fantastiskt bröllop.

Här nedanför hittar du några få exempel på tackkort som vi fått genom åren.

Jag har en ICA-påse och en skokartong full med tackkort från 70-talet och fram till idag.

Och ändå motsvarar det bara en bråkdel av alla kunder jag hjälpt till ett lyckat bröllop.

Det är alltid lika roligt när man tar in posten och får se ett tackkort bland alla räkningar och reklam. Då är dagen räddad.

Vet ni förresten vilken den vanligaste dikten
har varit på tackkorten genom åren:

Nu har bröllopsklockor klingat
Många vänner hälsning bringat
Vårt varma tack ni alla har
Från ett mycket lyckligt par

Tyvärr är inte bildkvalitén den bästa men det
går i alla fall att läsa vad som står skrivet.

Och det är ju det viktigaste.

Tack för all hjälp,
och för vänligt bemötande.
Varma hälsningar
ifrån

Tack för den underbara
dagen uppe hos er!
Det var så roligt att prova
fram en klänning om vi
är verkligen nöjda.
Bröllopsdagen var underbar
om ett minne för livet.
Ni är så trevliga att komma
till så vi rekommenderar er
till alla.
Hälsningar.

TACK

för den UNDERBARASTE

brudklänning vi någonsin
sett! Samt för all
hjälp vi fått!

Mitt varmaste tack vill
jag framföra till er,
för den fantastiskt fina
service ni gav mig i
samband med val och
uthyrning av brud-
klänning.

Hjärtligt tack
för all uppvaktning.

Tack för all hjälp och
Ert vänliga bemötande!
Jag kände mig så fin
och fick även höra det
av alla andra! Tack
för att Ni bidrog att göra
Dagen oförglömlig!

Tack för den proffsiga
servicen och den helt
underbara klänningen.
Ett vänligt mottagande
och idel leende.
Ett mycket lyckligt
och nöjt par.

Vill tacka för Er proffsiga
hjälp o rådgivning! Jag
fick mycket beröm för klänningen
och då talade jag snabbt om
vart man skulle vända sig för att

Tack för all(uppvaktning),
hitta så snygga klänningar!

TACK! För den
underbara service
ni gav mig när jag
valde bröllopsklänning!
Ni gjorde tillfället precis
så spännande, stort och
viktigt som det faktiskt
är när man ska till och
gifta sig. TACK

Knubbsälen, Bohusläns landskapsdjur

Tack för all hjälp inför vårt
bröllop ! Ni gjorde ett helt
underbart jobb och vi blev
så fina !

Kram

Tack för den fantastiska
servicen när det gällde
ALLT med klänning och
tillbehör. Fick jätte mycket
beröm och hela dagen
var magisk!

Tack för all hjälp med kläder
till vårat bröllop.
Vi kände oss otroligt fina!
Tack för vänligt bemötande och
varma ord.
Vi skall med varma ord rekommendera
er till alla vi känner som skall
gifta sig i framtiden, både stora som
små!!
    Tusen tack och många kramar

Hjärtligt tack!

För den 1:a klassiga servicen med
våra kläder till bröllopet. Allt satt
och va helt perfekt.
    Tusen, tusen, tusen TACK!
        Kramar

Hej!

VILLE ALDRIG TA AV MIG
DEN UNDERBARA KLÄNNINGEN
OCH BRUDGUMMEN BEDYRADE
ATT HAN ALDRIG SETT EN
VACKRARE BRUD........
.....OCH VISST KÄNDE JAG MIG FIN!

TACK FÖR ALL HJÄLP, FÖR
PROFFSIGT OCH TREVLIGT BEMÖTANDE
OCH FÖR TÅLAMOD MED VELIGA
KUNDER

KRAM
FRÅN

Tack!
För den bästa
service man
kan få och
för klänningen
som var otroligt
underbar och
vacker

Ni är bäst!

Tysen Tack

Mvh Helle

Tack för all er
vänlighet & hjälp
vid valet av min
klänning
utan er hade,
resultatet ej
blivit så här
fint!